Loi n° 49.956 du 16 juillet 1949 sur les publications destinées à la jeunesse : octobre 2013
Dépôt légal : octobre 2013
Imprimé en France par Pollina à Luçon - L65748

ISBN 978-2-211-21360-8

Coline Pierré

Apprendre à ronronner

Illustrations de José Parrondo

Mouche

l'école des loisirs

11, rue de Sèvres, Paris 6e

1

Le début de l'automne est doux et sec, mais dans ma nouvelle école, c'est l'hiver, le grand froid, l'ère glaciaire. Depuis la rentrée, je passe mes récréations tout seul. Les autres enfants ne semblent pas s'intéresser à moi.

Mes parents ont déménagé à la campagne durant l'été. Nous avons quitté notre appartement de centre-ville pour une grande maison. Mes amis et mon ancien quartier me manquent. Il y avait des cinémas et des bibliothèques à quelques rues de chez nous. Ici, tout se trouve à des kilomètres en voiture. Les enfants de ma classe semblent se connaître depuis toujours. Ils ont déjà suffisamment d'amis, il n'y a plus de place dans leur vie pour un nouveau spécimen.

Aujourd'hui plus que tous les autres jours, j'attends la fin de la classe avec impatience car je vais recevoir mon cadeau d'anniversaire. J'ai huit ans, deux dents en moins, une paire de lunettes bleues et des cheveux noirs ébouriffés.

Mon goûter est déjà sur la table : un verre de jus de pomme, un morceau de baguette bien fraîche et une barre de chocolat au lait.

Assise à son bureau, ma mère corrige les devoirs de ses étudiants. Dans la cuisine, mon père prépare un gâteau, mon gâteau au chocolat.

Mon père est pâtissier, mais il ne travaille pas dans une boulangerie.

Les gens lui commandent des tartes en forme de chien et des gâteaux à leur effigie, qu'il confectionne à la maison. Notre cuisine ressemble à un champ de bataille alimentaire. Il y a plusieurs fours et des robots pâtissiers, un grand plan de travail sur lequel reposent toujours d'énormes sacs de sucre, de farine et de petites pastilles de chocolat. Tous les murs sont recouverts de traces d'œuf, de crème et de pâte à choux. L'un de nos deux frigos renferme de sublimes gâteaux auxquels il m'est bien sûr interdit de toucher.

Comme mon père n'a pas tous les jours des commandes, il jardine et invente des gâteaux à la tomate et aux fraises, des glaces poire-choucroute et des tartes à la vanille et au potiron. Chaque soir, nous dégustons une de ses créations.

Je ne vois pas de trace de mon cadeau et mes parents semblent indifférents à ma présence. Je trépigne intérieurement, sans oser faire de remarque. Je mange mon goûter le plus lentement possible, en mâchant chaque bouchée au moins dix fois. Je traîne à table, sur le pas de la porte de la cuisine et du bureau. Ma mère demande comment s'est passée ma journée, puis se replonge dans son travail. Un peu vexé qu'on m'ignore le jour de mon anniversaire, je finis par monter dans ma chambre.

Je pose mon sac dans un coin et prends un livre dans ma bibliothèque : l'histoire d'un panda perdu dans les rues de Paris. Je me jette sur mon lit. Soudain, je sens quelque chose se débattre sous la couette. Je me relève, un peu effrayé.

La chose cesse de bouger. Doucement, lentement, je soulève la couette. C'est peut-être dangereux.

Je vois d'abord apparaître une touffe de poils blancs, puis une petite patte noire. Ça ressemble à une peluche, jusqu'à ce qu'un museau se glisse hors des draps et vienne renifler ma

main. C'est un chat. Un tout petit chat, un chaton en fait. Son pelage est blanc avec de grosses taches noires, on dirait une vache miniature. J'approche ma main pour le caresser.

Il sursaute mais ne me repousse pas. Je le prends dans mes bras. Il se laisse faire. Je descends les escaliers et retrouve mon père qui vient d'enfourner le gâteau.

– Papa, j'ai trouvé ce chat dans ma chambre. C'est celui des voisins ?

– Non, répond-il, en mettant des couverts dans le lave-vaisselle.

– Il vient d'où alors ?

– Peu importe, ce qui compte c'est qu'il soit là, non ? continue mon père en passant sa main sur la tête du petit chat. Il te plaît ?

Je regarde le chaton blotti dans mes bras. Ma mère entre dans la pièce. Elle sourit en coin.

– Il a l'air gentil, oui, dis-je.

– Alors, bon anniversaire, Albin ! s'exclament-ils en chœur.

Je n'en reviens pas. Je rêvais d'avoir un chat depuis longtemps mais selon mes parents, je devais attendre d'être suffisamment grand pour pouvoir m'en occuper seul : « C'est une lourde responsabilité, il faut penser à le nourrir, faire attention à sa santé et surtout nettoyer sa litière tous les jours. » Alors, j'ai cessé d'y penser. Être « assez grand » me semblait un âge que je n'étais pas près d'atteindre.

Je remonte dans ma chambre et je pose le petit chat sur mon lit pour l'observer. Il en fait le tour une ou deux fois et se couche à l'endroit où je l'ai trouvé.

Le museau posé sur ses pattes avant, il a l'air paisible. Je caresse les poils noirs et blancs de son dos et il ferme les yeux. C'est mon chat. Je suis fier et ému d'avoir un être aussi petit sous ma garde. Je le gratte sur le dessus de la tête et il se met à ronronner. Je me glisse à côté de lui et je cesse de bouger. Je me sens bien.

Mon regard tombe sur le livre que je m'apprêtais à lire un peu plus tôt. Le gros panda sur la couverture sourit de toutes ses dents. Son pelage ressemble à celui du chaton, son expression aussi. Ils portent tous les deux les mêmes drôles de chaussettes noires. Je réfléchis un instant, et je me décide : le petit chat s'appellera Panda.

Après une soirée d'anniversaire légère et joyeuse (et un gâteau au chocolat fondant comme il faut), je me couche avec l'impression d'avoir passé une étape. J'ai encore peur lorsque je suis seul la nuit, des tas de choses qui semblent amusantes me sont toujours interdites, mais je suis en tout cas « assez grand » pour m'occuper d'un chat. Définitivement, j'aime vieillir.

Chapitre 2

Profitant de la douceur de ce mois d'octobre, notre classe part en sortie nature. La forêt est magnifique, les feuilles rouges, jaunes et marron se mélangent au vert des sapins. Je me sens bien sous ce ciel multicolore même si, au sol, mes pieds maladroits trébuchent sur les pierres et glissent sur les feuilles mortes. Je m'efforce de ne pas accrocher mon pantalon dans les ronces, tandis que les autres garçons font la course en tête. Je marche près d'un groupe de filles. Alissa, Clara et Léane discutent de la cabane qu'elles prévoient de construire. Je reste en retrait et les écoute d'une oreille admirative parler de choses auxquelles je ne connais rien. Les enfants de ma classe semblent être dans leur élément.

J'aime bien Léane. Le jour de la rentrée, c'est la seule à être venue me voir. Elle m'a demandé quelles étaient mes trois choses préférées au monde. J'ai répondu le chocolat, les livres et l'automne. Elle m'a dit qu'elle aimait les chats, les cabanes dans les arbres et dessiner. Depuis, nous ne nous sommes plus reparlés. Je sais qu'elle vit à quelques pâtés de maisons de chez moi, et que son père vient de temps en temps la chercher à la sortie de l'école.

Elle semble bien intégrée à la classe, mais quelquefois, elle s'éloigne du groupe, le visage sombre. Cela suffit à la rendre un peu bizarre aux yeux des autres enfants.

Nous arrivons dans une clairière. Le chemin bifurque jusqu'à un tas de rochers. La maîtresse annonce que nous allons déjeuner ici. Pour suivre les autres, j'essaie d'escalader les pierres, mais je dérape et je tombe. Je me retrouve allongé par terre, plein de boue, le genou écorché. J'entends des rires, j'imagine tous les regards sur moi. Ce moment me semble durer une éternité. Je n'ose pas lever la tête. J'ai envie de pleurer mais je me retiens.

Léane s'approche de moi et me tend la main pour m'aider à me relever. Elle ne dit rien, elle ne rit pas. J'attrape sa main et me mets debout. La maîtresse désinfecte mon genou en sang et y colle un pansement. Elle me demande si ça va. Je réponds oui. Ce n'est pas vrai.

J'abandonne l'idée de remonter sur les rochers. Je m'installe au pied d'un arbre, loin de tout le monde, pour manger mon sandwich chèvre-poire-betterave-jambon, imaginé par mon père.

Quelques instants plus tard, j'entends des pas près de moi. C'est Léane.

– Je peux manger avec toi ?

Je hoche la tête. Elle s'installe face à moi. Je la remercie pour son aide et lui demande :

– Tu n'as pas peur qu'on se moque de toi ?

Elle répond qu'elle s'en fiche. Ça me réchauffe le cœur. Elle ajoute :

– Tu sais, ils ne sont pas vraiment méchants. Ils se conduisent bêtement parce que tu n'es pas comme les autres garçons.

– Je préférerais être comme eux, dis-je tout bas.

– Ce serait dommage.

Nous continuons à manger. Lorsque je lui demande le métier que font ses parents, elle répond :

– Mon père illustre des livres.

– Et ta mère ?

– Elle les écrivait. Mais elle est morte.

Une bouffée d'émotion étouffe mes mots. Je ne sais pas comment réagir. Je me contente d'écarquiller bêtement les yeux. C'est la première fois que je suis confronté à la mort. Dans ma famille, tout le monde est encore vivant. Je me sens stupide et maladroit. Léane regarde le sol avec cet air sombre qu'elle prend parfois. J'ai envie de la serrer dans mes bras mais je n'ose pas. Je ne sais pas quoi faire. Je pense à Panda. Je suis sûr qu'il saurait comment la consoler.

Elle me sourit puis elle reprend le grignotage de son sandwich. Son visage est à nouveau lumineux.

Après le déjeuner, elle rejoint ses amies pour la séance d'observation des oiseaux et je reste en retrait, à la regarder de loin. Je n'arrive pas à effacer ses yeux tristes de mes pensées.

Chapitre 3

Les jours suivants, je n'ose plus parler à Léane. Je suis encore troublé par ce qu'elle m'a raconté.

Prendre Panda dans mes bras me fait du bien. Il ronronne contre moi ou sur mes genoux et me guérit de ma tristesse, au moins temporairement. J'envie son talent. Je m'allonge sur mon lit, pensif. Et si c'était possible ? Si moi aussi je pouvais ronronner ?

Je m'approche de Panda pour

l'ausculter. Je le palpe sous toutes les coutures. Sa poitrine est la partie de son corps qui vibre le plus. Je pose ma main sur mon torse et essaie de ronronner à mon tour. Je contracte mes muscles et racle ma gorge de toutes les manières possibles. De drôles de bruits sortent de ma bouche et de mon ventre, mais rien qui ressemble à un ronronnement.

Je décide d'interroger mes parents. Ma mère n'est pas là. Je trouve mon père en train de semer des laitues dans le jardin, je lui demande ce qu'il sait du ronronnement. Il me répond qu'à sa connaissance, ça a des effets antidouleur et antidépresseurs. On a même créé la ronronthérapie. Il ajoute :

– J'ai lu un article sur ce sujet. Je me souviens que l'auteur en parlait comme d'une manière de se soigner et de se réconforter, comme certains boivent de l'alcool ou se droguent. Sauf que ce n'est pas dangereux.

Ça ressemble à ce que je ressens lorsque Panda ronronne contre moi. Tout excité, je demande :

– Est-ce que moi aussi je peux ronronner ?

Appuyé sur son grand râteau, mon père réfléchit quelques secondes et dit :

– Je ne crois pas que ce soit possible, Albin. Je suis désolé. C'est le privilège des chats.

– Mais ce sont des mammifères, comme nous.

– C'est vrai, mais la nature a donné des facultés différentes à chaque espèce. Par exemple, nous sommes les seuls à pouvoir parler.

– Ils miaulent, c'est un peu pareil. Pourquoi n'aurions-nous pas d'équivalent au ronronnement ?

Il hésite un instant. Manifestement il n'est pas très sûr de lui.

– Je ne sais pas. C'est comme ça, répond-il avant de se remettre à ratisser la terre.

Je ne sais pas si les choses changent lorsqu'on grandit, mais il y a trop de questions auxquelles on ne me répond rien d'autre que « c'est comme ça ».

Allongé dans mon lit, je n'arrive pas à m'endormir. Je ne peux m'empêcher de penser que si j'étais un chat, je saurais consoler Léane. Je n'aurais qu'à me blottir contre elle et à ronronner. Alors qu'en tant qu'humain, je ne trouve ni les mots, ni les gestes.

Malgré la réponse de mon père, je suis déterminé. Je vais apprendre à ronronner.

Chapitre 4

Le lendemain, je me réveille plein d'énergie. Il me faut élaborer un plan d'attaque. On est mercredi, ce qui me laisse toute la journée pour étudier le ronronnement.

Je me sens prêt à révolutionner la science, mais il me paraît plus sensé de chercher de l'aide auprès de spécialistes. Quand les adultes savent beaucoup de choses sur un sujet précis, ils écrivent des livres. C'est ce que fait ma mère : elle fait des recherches et rédige des articles sur les comportements des gens. On appelle ça de la sociologie. Il existe donc certainement des livres qui étudient le comportement des chats et le ronronnement. Je les trouverai à la bibliothèque.

Nous n'habitons ici que depuis quelques mois, mais je pourrais parcourir le chemin entre la maison et la bibliothèque les yeux fermés, tant je m'y réfugie souvent.

La bibliothécaire me salue en me voyant arriver. Je scrute les étagères. Le rayon documents ne compte que trois livres sur les chats. Mais c'est un bon début. Je les emprunte tous et la bibliothécaire me souhaite bon courage pour mon exposé. Je la remercie sans chercher à la détromper et rentre à la maison.

Installé à mon bureau, je prends un stylo et un grand cahier. Tout en haut d'une page, j'écris :

« Apprendre à ronronner ».

J'ouvre les livres et commence à les feuilleter. Après une bonne heure de lecture, je n'ai pas vraiment avancé. Tous expliquent qu'on connaît mal le mécanisme du ronronnement. Certains parlent d'une veine qui vibre dans la poitrine, d'autres de « fausses cordes vocales » ou encore d'organes aux noms étranges comme le pharynx. Je suis bien embêté car personne ne sait réellement comment les chats ronronnent.

Je vais donc devoir trouver par moi-même. Pour m'aider à réfléchir, je recopie quelques phrases du livre :

Pourquoi les chats ronronnent-ils ?
Pour communiquer avec les humains ;
Pour dire qu'ils sont heureux ;
Pour exprimer et apaiser leur douleur ;

J'écris ensuite :

Les chats (et certains félins) sont les seuls animaux à ronronner. Donc pour ronronner, il faut être un chat (ou un guépard ou un lynx).

Ça me semble logique. Je dois maintenant comprendre ce qui fait d'un chat, un chat.

Je liste :

Il dort en boule dans un panier ;
Il mange des croquettes ;
Il dort la majeure partie du temps ;
Il miaule ;
Il marche à quatre pattes ;
Il se lèche pour se laver ;
Il fait ses besoins dans une litière ;

Je relève la tête de mon cahier,

plutôt fier de mes débuts dans la science. J'ai enfin des pistes concrètes. Si je fais l'une ou l'autre de ces choses avec application, je me mettrai certainement à ronronner.

Je décide de commencer par le plus facile : dormir dans un panier. Je fais le tour de la maison, à la recherche d'un objet suffisamment grand pour m'y glisser. Je pense à la baignoire, mais elle est trop étroite. Une meilleure idée me vient. Je vais transformer mon lit en un panier, comme celui qu'on a installé à Panda dans le salon. Je prends mon matelas et celui qui est rangé en dessous pour les invités, et les pose côte à côte sur le sol. Dessus, je jette les deux couettes en tas pour qu'elles soient bien moelleuses, et les coussins de ma chambre et du salon.

Je dépose Panda sur mon nouveau lit. Il hésite, renifle, fait quelques pas pour voir s'il trouve un coin agréable et s'installe. C'est bon signe, je ne peux mettre en doute le jugement d'un animal qui passe dix-huit heures par jour à dormir.

Le soir, je me glisse dans mon panier-lit. Après avoir essayé d'attraper mes pieds sous la couette, Panda vient se coller à moi. J'ai l'impression que nous sommes seuls au monde et ça n'est pas une pensée effrayante. Je me demande bien pourquoi j'ai passé huit ans à dormir allongé alors qu'on est si bien roulé en boule.

Chapitre 5

Au réveil, Panda est toujours près de moi. Je le caresse et très vite, il se met à vibrer contre mon bras. Je me gratte le ventre : derrière l'oreille, sous le menton, sur le nez. Mais rien ne se passe. Je suis un peu déçu mais pas question de me décourager si vite. Je m'habille et descends prendre mon petit déjeuner. Ma mère est déjà installée à table en train de lire le journal.

Alors que je bois mon lait chocolaté, elle me demande pourquoi j'ai pris tous les coussins du salon. J'hésite à lui dire la vérité car je voudrais conserver le secret de mon enquête. Mais peut-être pourrait-elle m'aider. Je réponds :

– Je voudrais apprendre à ronronner, alors j'essaie de vivre comme un chat.

– C'est très intéressant, ça. Est-ce que ça fonctionne ?

J'aime que ma mère soit moins catégorique que les autres adultes. Elle se pose des questions plutôt que d'affirmer des choses. Elle ne répond pas toujours à mes interrogations (ou alors un peu à côté) mais, au moins, elle me prend au sérieux.

Je dis que ça n'a pas marché, et je lui parle des idées que j'ai encore en réserve.

– C'est un beau projet, Albin. Tu me donneras des nouvelles de ton enquête. Et tu remettras les coussins dans le salon. Je t'en donnerai d'autres.

À l'école, je n'arrive pas à me concentrer sur la leçon. Je repense à mon échec de la nuit précédente. Apprendre à ronronner va sans doute demander un peu de temps. Comme ces personnes qui deviennent aveugles et développent petit à petit une meilleure ouïe. Une nouvelle idée me vient à l'esprit. Peut-être faut-il moi aussi que je me prive d'une faculté pour en développer une autre ? Le ronronnement est un moyen de communiquer. Nous parlons, les chats miaulent. Nous crions, pleurons, sourions, embrassons, les chats ronronnent. Donc si je veux me mettre à ronronner, je ne dois plus exprimer ni parole ni émotion. En tout cas pas avec des mots. Et pour me faire comprendre, je n'aurai qu'à miauler. Cette idée m'excite. Je me sens comme un détective qui vient de trouver une nouvelle piste.

À partir du moment où je prends cette décision, je réalise qu'il va falloir me faire tout petit pour que la maîtresse ne m'interroge pas. Je suis un bon élève, mais plutôt discret. Je n'aime pas répondre aux questions. Je préfère me noyer dans mes pensées et inventer des histoires dans ma tête. C'est pratique : je ne me fais remarquer ni des instituteurs, ni des autres enfants.

Pendant la récréation, Léane vient vers moi pour me proposer de jouer avec le reste de la classe.

Je suis touché par sa proposition et je meurs d'envie de participer. Mais je ne dois pas abandonner ma nouvelle expérience. Alors je tente de miauler un oui. Elle rit et me répond en miaulant pour m'inviter dans son équipe. À mon grand étonnement, nous nous comprenons très bien. Il n'y a pas besoin de mots, seules l'intonation et la longueur de nos miaulements suffisent à traduire ce que nous voulons dire. Les autres enfants semblent intrigués. Certains essaient de me faire parler, mais je résiste. Tout à coup, je deviens digne d'intérêt. Plusieurs d'entre eux se mettent à miauler. Bien sûr, ils ne comprennent pas mon expérience, mais peu importe, nous nous amusons. Je suis heureux d'être le centre d'attention pour autre chose que la moquerie.

Rapidement, une épidémie éclate. En classe, le virus du miaulement se transmet comme un message secret. Une heure après, la moitié d'entre nous se sont mis à miauler. La maîtresse finit par s'en rendre compte. Et plutôt que de nous gronder ou nous punir, elle semble trouver ça amusant, et décide de nous faire lire des

poésies en miaulant. Je n'en reviens pas. Elle devient soudain sympathique à mes yeux.

Toute la classe s'est emparée de mon idée et j'en suis ravi. La vie est plus simple en miaulant. L'école devrait toujours ressembler à ça.

Quand je retrouve mon père à la sortie, il a des taches de chocolat sur le coin de la bouche et le col de sa chemise. Je m'apprête à le lui faire remarquer quand je me rappelle que je ne peux pas parler. Il y a des choses qu'il est plus difficile à miauler. Et puis j'aime bien mon papa en chocolat. Alors je réponds à son bonjour par un sourire. Il s'étonne :

– Tu as perdu ta langue ?

Après un instant d'hésitation, je miaule un « non ».

– Ah non, tu miaules, dit-il, comme si c'était la chose la plus normale au monde.

À la maison, Panda se réveille tout juste de sa sieste quand je rentre. Il me tourne autour en miaulant. Il veut jouer. J'engloutis mon goûter puis je prends une ficelle sur le bureau de ma mère et l'agite au-dessus de sa tête. Il essaie de l'attraper pendant quelques minutes, puis son attention se porte sur autre chose. Sans doute un bruit ou une ombre.

À l'entendre ronronner, il semble s'amuser plus que moi. Alors je me mets à quatre pattes, et je commence à imiter chacun de ses mouvements, pourchassant des proies imaginaires, grimpant sur les fauteuils et les tables, miaulant à tue-tête. Plus j'en fais, plus il court dans tous les sens. Je répète chacun de ses miaulements et c'est un dialogue sans fin. Il réagit à toutes mes « phrases », mais je manque de vocabulaire. Il semble étonné de mes réponses. Je dois mal prononcer ou avoir un très fort accent humain.

Il faudrait enseigner le chat à l'école. Nous ferions des séjours linguistiques, apprendrions à vivre avec les chats, nous découvririons leur culture.

Nous jouons jusqu'au repas du soir. Je me couche exténué mais heureux. Pendant quelques heures, j'ai oublié le ronronnement, l'école, Léane, et la mort injuste de sa mère. Pendant quelques heures, j'ai été un chat.

Chapitre 6

J'ai cessé de parler depuis plus d'une journée mais je ne ronronne pas plus qu'avant. Tant pis pour mon vœu de miaulement, il me faut interroger un spécialiste. J'en ai assez d'attendre.

J'allume l'ordinateur. Dois-je plutôt chercher un scientifique ? Un vétérinaire ? Je parcours plusieurs sites avant de tomber sur celui du Docteur Céra. Il y est écrit : « Psychologue et interprète animalier. Des problèmes d'entente avec votre ani-

mal de compagnie ? Je suis là pour vous aider à les résoudre. Comprenez enfin la psychologie de vos petits compagnons, leurs attentes, leurs envies et leurs émotions, et apprenez à parler leur langage. Je travaille avec les chats, chiens, poissons, rongeurs, et tout animal apprivoisé. Je retrouve également les animaux égarés en communiquant avec eux à distance. »

J'ai trouvé mon spécialiste. S'il peut enseigner le langage des animaux, il saura certainement m'apprendre à ronronner. Comment vais-je faire ? Une consultation doit coûter très cher et mon argent de poche ne suffira pas à la payer.

Je décide de demander à ma mère. Elle est à son bureau.

– J'aurais besoin de conseils, dis-je.

– Bien sûr, à propos de ton expérience ?

Elle me répond tout en continuant à écrire. Je lui parle du psychologue animalier et lui explique que je voudrais le rencontrer.

Elle fait la moue et me dit :

– Ce sont souvent des charlatans.

J'insiste car je me sens sur le point de réussir mon expérience. Après une petite hésitation, elle finit par accepter que je prenne un rendez-vous.

Je compose le numéro du docteur. Une voix nasillarde me répond. Je vais droit au but en expliquant que je veux apprendre à ronronner. Je lui raconte mes expériences des derniers jours. Il m'écoute attentivement puis me propose un rendez-vous pour le lendemain.

– Je pense pouvoir t'aider, dit-il.

Je n'ose pas en demander davantage. Je raccroche, ravi et impatient. Le psychologue semble savoir de quoi il parle et mes parents ont accepté de payer la séance. Plusieurs adultes me prennent au sérieux. C'est donc que mon idée n'est pas folle.

Chapitre 7

Mon père gare la voiture au coin de la rue. Le cabinet du docteur Céra se trouve au rez-de-chaussée d'une maison de ville.

Nous nous installons dans la salle d'attente. Il fait sombre, les fauteuils en tissu sont déchirés et lacérés. Dans un coin de la pièce, le docteur a installé un parc avec des jeux pour les bébés animaux. Sur le mur près de la porte, une petite plaque est accrochée avec l'intitulé de son diplôme. Je m'approche. Il est écrit : *Etho-psycho-comportementaliste, interprète animalier.* Je suis obligé de décortiquer les syllabes une par une pour réussir à lire. À côté, il a épinglé une liste de diplômes. C'est rassurant.

Il a aussi accroché quelques affiches. L'une d'entre elles annonce une conférence animée par le docteur Céra, intitulée *Communiquer avec les poissons grâce au langage non-verbal.* Une autre affiche propose l'aide d'un interprète animalier pour retrouver les animaux perdus.

Quelques instants plus tard, un petit homme chauve d'une cinquantaine d'années avec des lunettes aussi rondes que son visage ouvre la porte

en bois et nous invite à entrer. Mon père m'encourage à suivre le docteur. Je m'assois face à son bureau. Les chaises sont en osier, surmontées d'un coussin moelleux. Elles font penser à des paniers pour animaux. Il y a des photos du docteur Céra accrochées sur les murs, avec des

chats sans poils, avec un iguane, dans un arbre à côté d'un écureuil, avec une tortue au bord de la mer.

– Tu veux donc apprendre à ronronner ? me demande-t-il.

J'acquiesce.

Il continue :

– D'après mes travaux et ceux de mes collègues interprètes félins, il nous semble que si les chats arrivent à déclencher ce mécanisme étrange qu'est le ronronnement, c'est parce qu'ils sont très souples. Ça leur permet de contracter et de faire vibrer certains de leurs organes. Les êtres humains ont les mêmes. Nous possédons donc tout le nécessaire pour ronronner. Seulement, nous n'avons jamais appris à l'utiliser.

– La souplesse est le secret ?

– Oui, je pense que les chats l'acquièrent en se grattant les oreilles avec la patte arrière.

– Vous voulez dire que si j'arrive à passer ma jambe derrière mon oreille, je pourrai ronronner ?

– Absolument.

J'ai un peu de mal à le croire.

– Pourquoi personne ne l'a jamais fait ?

Il baisse la voix :

– Cette théorie est peu connue. Nous ne la partageons qu'entre confrères étho-psycho-comportementalistes. Ton expérience pourrait beaucoup apporter à notre discipline.

Il m'explique ensuite que les étho-psycho-comportementalistes sont tous bien trop vieux pour avoir cette souplesse.

– Seuls les enfants peuvent y parvenir, mais aucun d'entre nous n'en connaît. À force de côtoyer les animaux, nous ne savons plus vraiment communiquer avec les humains, me dit-il embarrassé.

Quand il parle, son visage prend successivement des airs de poisson, de chien et de hamster. Effectivement, il passe trop de temps avec les animaux.

Il me fait asseoir sur sa table d'auscultation et me montre les exercices d'assouplissement qui me permettront d'atteindre mon but.

Je le remercie et retrouve mon père dans la salle d'attente. Je me sens fier : on vient de me confier une importante mission.

Chapitre 8

Les jours suivants, dès que j'ai un moment, je travaille à améliorer ma souplesse. À la récréation, je joue maintenant avec les autres. Mais de temps en temps, je m'isole pour lire. J'ai fait découvrir *Calvin & Hobbes,* ma bande dessinée préférée, à Léane. Certains jours, on s'assoit ensemble sur un banc après l'école et on en lit quelques pages. J'entends à ses rires qu'elle s'amuse et je n'ai plus peur d'être maladroit. Mais lorsque la tristesse revient sur son visage, je me sens démuni. Dans ces moments-là, elle s'éloigne de moi, et je ne sais pas quoi dire ni comment agir. J'ai l'impression que je la blesserais plus encore. Alors je reste dans mon coin et je m'en veux. Je ne pense qu'à une chose : ronronner résoudrait tout.

Matin et soir, je fais mes exercices. Je m'enferme dans ma chambre et m'assois par terre. J'étire mon dos, mes jambes, je m'entraîne au grand écart, m'efforce de toucher mes pieds avec les mains, sans plier les genoux. Et à la fin de chaque séance, j'essaie de glisser mon pied le plus près possible de mon oreille.

Je progresse chaque jour mais rien ne semble changer en moi.

Régulièrement, le docteur Céra téléphone à la maison pour avoir des nouvelles. Il me donne des conseils, précise encore les mouvements à effectuer.

Enfin, une dizaine de jours après avoir commencé mon entraînement, je parviens à passer ma jambe derrière l'oreille. Mais j'ai beau rester dans cette position ou gratter l'arrière de mon oreille avec mon pied, je ne ronronne pas. Et c'est si inconfortable que je ne vois pas comment il pourrait en être autrement.

Panda dort dans mon panier-lit. De temps en temps, son corps frémissant m'indique qu'il rêve. Nous avons au moins ça en commun.

J'observe sa posture. Ses pattes arrière sont glissées contre son ventre, et sa tête repose sur ses pattes avant. Il a quelque chose d'humain dans cette position. Je pose ma main sur son flanc pour le caresser. Il se réveille et entrouvre un œil. Je le gratte derrière les oreilles, sur le nez et dans le cou. Il se met à ronronner et reprend l'allure d'un chat.

Je m'installe à côté de lui et tente de l'imiter. Je replie mes jambes et les colle contre mon ventre. Je pose mes bras l'un sur l'autre, ma tête par-dessus, et me roule en boule. Comme lui, je me fais le plus compact possible. Je sens Panda vibrer contre moi et cela m'envahit doucement. Pendant un moment, je ne sais plus si c'est lui ou moi qui ronronne.

Chapitre 9

Je me réveille plein d'enthousiasme. Hier soir, juste avant de m'endormir, il m'a semblé que je ronronnais. Mais maintenant, plus rien ne se passe à l'intérieur de moi. Peut-être que je ne me sens plus assez chat, me dis-je.

Je reprends la liste que j'ai dressée au début de l'expérience. J'ai expérimenté plusieurs de ces pistes, mais jamais toutes à la fois. Il me reste à manger des croquettes, boire en lapant l'eau dans un bol, faire ma toilette avec la langue, utiliser une litière. À l'idée de ce programme un peu dégoûtant, j'hésite. Mais je me ressaisis aussitôt. Savoir ronronner mérite certains sacrifices.

Avant de commencer, il vaut mieux avertir mes parents pour éviter qu'ils s'inquiètent. Je descends à la cuisine. Ils sont en train de débattre d'un film qu'ils ont vu la veille. Je leur annonce mon projet. Mon père dit d'abord :

– Pas question.

Ma mère réplique qu'ils doivent me laisser faire mon expérience. D'autant plus qu'elle ne présente pas de danger. Avant que mon père ait le temps de contester, elle propose de m'acheter des croquettes au saumon

(mon poisson préféré), et de me mettre une grande litière dans les toilettes.

Il faut que je m'équipe. Je commence par enrouler des bandes de tissu en guise de coussinets autour de mes mains et de mes pieds nus. Un autre problème se pose ensuite : les chats ne portent pas de vêtements. Je ne me vois pas déambuler dans la maison et le jardin tout nu. Alors je fouille dans le placard de ma mère, celui qui regorge de vieux vêtements achetés dans sa jeunesse et qu'elle ne porte jamais. Il y a des choses très étranges : des pantalons fluo, des chemises à paillettes, des sweat-shirts immenses, et des caleçons léopard. Par chance, au fond du placard, je trouve un manteau en fausse fourrure noire, douce comme une peluche. Je l'enfile par-dessus mon tee-shirt et attache les pans à mes jambes avec des rubans. D'après mon reflet dans le miroir, je ne ressemble pas vraiment à un chat, mais ça fera l'affaire.

Je suis prêt. Le plus simple me semble être d'imiter tous les gestes de Panda. Je le retrouve dehors, assis sur le muret qui borde le jardin. Je m'installe à côté de lui dans la même position. Ce n'est pas très confortable, mais les exercices d'assouplissement des derniers jours m'aident. Mon regard suit, comme celui de Panda, le vol d'une mouche dans le jardin.

Au bout de quelques minutes, il se tourne vers moi, me regarde et miaule. Je lui réponds de mon plus beau miaulement. D'un commun accord, nous descendons du mur (lui d'un bond gracieux, moi en me tordant les poignets), puis nous partons en direction de la cuisine.

Quand je le rejoins, il a déjà le

nez dans son bol de croquettes. Il n'y en a pas pour moi et je sais combien les chats n'aiment pas partager. Je ne m'y risque pas. Ma mère est à côté, en train de se préparer un thé. Je m'approche d'elle et commence à lui tourner autour, et à me frotter contre ses jambes en miaulant de manière insistante.

Elle rit mais elle a compris ma demande. Elle prend un bol dans le placard, y met quelques croquettes et le pose par terre, à côté de celui de Panda. Il regarde, intrigué, puis il reprend le cours de son repas. J'avance ma tête vers le bol et tente d'attraper quelques croquettes. C'est plus compliqué qu'il y paraît. Je n'arrive pas à les coincer entre mes dents et elles me rentrent dans les narines. Panda s'en sort bien mieux avec ses dents pointues et son museau allongé. Alors je me concentre sur les croquettes en forme de poisson, plus faciles à attraper. Elles ont un drôle de goût, très salé. Mais elles sont surtout sacrément dures. Tandis que Panda engloutit son bol, je n'en mange que trois ou quatre. Je suis un peu écœuré.

Lorsqu'il se met à boire, ma mère, qui m'observe toujours, dépose un bol plein d'eau pour moi. Je ne sais pas comment m'y prendre. Je tente de tordre ma langue en forme de cuillère mais l'eau coule. J'essaie de laper très rapidement comme Panda mais j'en mets partout. Du coup, assoiffé par mes efforts, je finis par plonger mon visage dans l'eau. Je suis trempé.

Après son repas, Panda erre dans la maison, pour finir par grimper sur un fauteuil du salon. Je choisis celui d'à côté, content qu'il ait envie de faire un somme. Je comprends mieux pourquoi les chats dorment tant, je suis épuisé.

Il a en réalité un tout autre projet en tête : faire sa toilette.

Panda commence à passer sa patte derrière son oreille. Je l'imite. Puis il se lèche tout autour de la bouche et je fais pareil. Il continue avec ses pattes. La peau de mon bras est salée et la sensation du duvet sur ma langue est désagréable. Lorsqu'il se met à se lécher le ventre, je n'arrive définitivement plus à le suivre.

Il s'installe ensuite sur le canapé entre deux gros coussins moelleux. Je me glisse autour de lui et il pose sa patte sur ma main. Le sommeil nous attrape tous les deux en même temps.

Chapitre 10

Une heure plus tard, les moustaches de Panda me réveillent en chatouillant mon nez. Je me mets à quatre pattes pour m'étirer, comme je l'ai souvent vu faire. C'est agréable.

Panda commence à courir dans tous les sens, traversant la maison comme une flèche. Il saute sur des ombres, poursuit des mouches, court après sa queue.

Pour l'imiter, je tourne sur moi-même en essayant d'attraper un

morceau de mon manteau de fourrure. Mais je m'emmêle les jambes, trébuche et m'étale par terre. Ma cheville me fait mal. Panda s'arrête net en entendant le bruit de ma chute. Il s'approche, me renifle et lèche une larme qui coule sur ma joue.

Je me relève. La douleur commence à s'estomper, mais je n'ai plus envie de jouer. Panda semble le comprendre. Il se désintéresse de moi et se dirige vers les toilettes. Je le suis, clopin-clopant. Ma mère a installé une grande bassine pleine de litière à côté de celle de Panda. Il y jette un œil et, indifférent, grimpe dans la sienne. Je pose une main puis la seconde dans mon bac. Malgré les protections, les petits grains de litière me piquent la paume. J'y mets mes pieds et m'accroupis, un peu à l'étroit. J'ai l'impression d'être une grenouille et je me sens mal à l'aise. Un peu idiot, même.

J'ai froid d'être si peu habillé, mal à la cheville à cause de ma chute, aux poignets, au dos et aux jambes d'avoir couru partout, et maintenant aux pieds et aux mains. Il faut me rendre à l'évidence : je ne suis définitivement pas fait pour marcher à quatre pattes.

C'en est trop. Je me relève, je sors de la bassine et je m'étire avec bonheur. J'enlève le manteau en

fourrure de ma mère et je monte dans ma chambre. Mon pyjama préféré à motifs d'étoiles et de planètes m'attend sur une chaise. Je l'enfile. Je me sens moi, un garçon de huit ans, qui porte des pyjamas et marche sur ses pieds.

Le reste de l'après-midi reprend son cours normal. Je lis quelques pages d'un livre, mange une énorme grappe de raisin et prends un long bain très chaud. Ne pas être un chat a ses avantages.

Plus tard dans la soirée, je range le manteau de ma mère dans le placard, jette la bassine de litière dans le compost et vide les deux bols. Quand je me retrouve devant mon panier-lit, prêt à le défaire, j'hésite.

C'est la seule chose vraiment agréable de mon expérience.

Je me laisse tomber dessus et m'endors.

Chapitre 11

Les jours suivants, à l'école, je me sens ailleurs. J'ai beau faire comme si de rien n'était, mon échec me pèse. Je reste silencieux aux côtés de Léane. Intérieurement, je m'éloigne d'elle. Son sourire n'y peut rien, il a perdu sa magie.

Finalement, un soir après la classe, alors que je me dépêche de rentrer chez moi, elle me rattrape. On s'assoit sur un banc et elle demande :

– Est-ce que tu m'évites ?

Elle n'a pas l'air en colère, mais inquiète. J'essaie de la rassurer en disant que non. Elle ne semble pas me croire. Je finis par reconnaître que j'ai raté quelque chose qui me tient très à cœur, et que ça me rend malheureux.

– Tu ne veux pas m'en parler ? demande-t-elle après un temps.

Cette fois, elle semble contrariée.

Je me sens triste, triste, triste. La mettre en colère est bien la dernière chose au monde que je souhaite.

– Je n'y arrive pas.

Elle s'adoucit et ajoute plus bas :

– Moi aussi, ça m'est arrivé. Quand ma mère est morte, j'étais malheureuse mais je ne parvenais à le dire à personne. Et puis le psychologue m'a proposé de l'écrire, de rédiger une lettre pour dire ce que je ressentais. Peut-être que tu pourrais m'écrire une lettre ? me demande-t-elle timidement.

Toute la soirée, je repense à ce qu'elle m'a dit. Petit à petit, je prends conscience qu'on peut parler de soi autrement qu'avec des mots. Je peux lui offrir des dessins, lui cuisiner un gâteau, lui faire découvrir des livres. Il me semble que tous ces gestes veulent dire quelque chose, autant que des mots. Je pense à mon père. En préparant des pâtisseries étranges qui lui ressemblent, il nous parle de lui.

Le lendemain, je m'installe à mon bureau et commence à écrire. J'essaie de raconter à Léane ce qui s'est passé ces dernières semaines comme si je ne l'avais pas vue depuis très longtemps. Les phrases viennent naturellement, elles disent des choses que je ne peux même pas formuler dans ma tête. Avec mes mots les plus doux, je lui écris ce que je n'arrive pas à lui dire.

Plus tard dans la soirée, alors que mes parents me croient au lit, je me faufile hors de ma chambre. Je descends les escaliers à tâtons. Mes parents sont dans le salon, je peux voir la lumière allumée. Je sors et j'enfourche mon vélo pour traverser les quelques rues qui me séparent de chez Léane. L'air est frais et il commence à faire sombre. Je ne me sens pas du tout rassuré. Je pose mon vélo

contre un arbre et m'avance discrètement jusqu'à sa maison. Tout le monde semble endormi. Je glisse la lettre sous sa porte.

Sur le chemin du retour, je pédale à toute allure pour échapper à la nuit et à ses monstres. J'ai hâte d'être au lendemain.

Chapitre 12

Je me glisse sous ma couette avec délice. Je suis à la fois épuisé par mon escapade et grisé de ne pas m'être fait attraper par mes parents.

Sans doute le ronronnement est-il réservé aux chats et à quelques félins, me dis-je ; un savoir que personne ne saura jamais imiter et qui restera leur secret. Ça me semble juste. Chacun a droit à un avantage sur le reste du monde. Moi j'ai mes livres, mes parents, et puis Panda contre qui m'endormir. Peut-être ronronne-t-il parce qu'il n'a rien trouvé de plus rassurant pour se bercer que sa propre vibration.

Je pense à Léane et pour la première fois, sa tristesse me fait moins peur. J'ai commencé à l'apprivoiser. J'apprendrai à la réconforter à ma façon maladroite, j'apprendrai à faire ronronner mes mots.

Au moment de m'endormir, roulé en boule dans mon panier-lit, je sens une vibration venir du fond de mon estomac. Je ne bouge pas, je me laisse bercer, jusqu'à être happé par le sommeil. Et tout à coup, le monde semble plus doux et la nuit moins effrayante.

Merci à Manon et François.
Et bien sûr, merci à Martin.